AF477188

Zürich

DEIN CITY TAGEBUCH

Dieses Buch gehört:

Vorname _______________________________________

Name _______________________________________

Email _______________________________________

Telefon _______________________________________

Adresse _______________________________________

____

____

Zürich

Zürich

Zürich - Zahlen & Fakten
Anzahl Einwohner (2016): 415'682
Fläche (in km^2): 91.9
Höhe ü. Meer (in m): 408
Gegründet: 15. Jahrhundert v. Chr.

Der Stempel der Stadt Zürich
(Der Beweis, dass du wirklich hier warst – *Erhältlich bei Zürich Tourismus*)

Inhalt

What
I Like

So funktioniert's

Grüezi!

Schön, dass du das *What I Like* City-Tagebuch für Zürich in deinen Händen hältst. Zürich – Was für eine tolle Stadt!

Mit diesem Buch kannst du
( ) alle deine Lieblingsorte in Zürich festhalten.
( ) Freunde mit wertvollen Tipps beglücken.
( ) dich neu in diese Stadt verlieben.

Füll es aus, bewerte jeden Beitrag mit ☆ bis ☆☆☆☆☆ und klebe gesammelte Visitenkarten ein. So machst du dieses Buch zu deinem ganz persönlichen Städteführer.

Aber Vorsicht! Wenn du es deinen Freunden leihst, wirst du dein *What I Like* City-Tagebuch wahrscheinlich nie wiedersehen.

Über dich

Du reist gerne
( ) alleine. ( ) in Gruppen.
( ) in guter Gesellschaft.

Du erstellst eine Check-Liste fürs Packen.
( ) Check! ( ) Nein

Du nimmst tendenziell zuviel mit.
( ) Ja ( ) Oh ja!

Du trägst deinen Koffer selbst.
( ) Ja ( ) Nein

Dein Lieblingstransportmittel:
( ) Zug ( ) Flugzeug ( ) Auto ( ) Fahrrad
( ) Motorrad ( ) Boot ( ) Privat-Jet

Du bist (*wähle so viele du magst*)
( ) ein Geniesser.
( ) ein Abenteurer.
( ) eine Partynudel.
( ) gefangen in deinem Budget.
( ) ein Städteführer-Auswendiglerner.

Die erste Stadt, in die du dich verliebt hast:

(*diese Stadt*) ___________________________________

Drei Dinge, die du an Städtereisen liebst:

1. ___________________________________

2. ___________________________________

3. ___________________________________

Du bist in Zürich, weil du

hier ___________________________________

In Zürich warst du
( ) bisher nur ein Mal. ( ) 2 - 10 Mal. ( ) über 10 Mal.
( ) schon immer. ( ) noch nie!

Das liebst du an Zürich:

(*das*) ___________________________________

____

Lieblingsorte

IN ZÜRICH

**Dein absoluter Lieblingsort
in Zürich:**

ORT ____

☆☆☆☆☆ FÜR _______________________________________

SAG WARUM ____

____

____

WIE KOMMT MAN AM BESTEN HIN? ______________________

____

Dein Lieblingsquartier:

QUARTIER ____

☆☆☆☆☆ FÜR _______________________________________

SAG WARUM _______________________________________

____

____

WIE KOMMT MAN AM BESTEN HIN? _______________________

____

Deine Lieblingsstrasse:

STRASSE _______________________________________

☆☆☆☆☆ FÜR _______________________________________

SAG WARUM _______________________________________

____

____

WIE KOMMT MAN AM BESTEN HIN? _______________________

____

Dein Lieblingsgebäude:

GEBÄUDE ____

☆☆☆☆☆ FÜR ______________________________________

SAG WARUM ____

____

____

WIE KOMMT MAN AM BESTEN HIN? ____________________________

____

Dein Lieblingsplatz:

PLATZ ____

☆☆☆☆☆ FÜR ______________________________________

SAG WARUM ____

____

____

WIE KOMMT MAN AM BESTEN HIN? ____________________________

____

Dein Lieblingspark:

PARK ____

☆☆☆☆☆ FÜR _______________________________________

SAG WARUM ____

____

____

WIE KOMMT MAN AM BESTEN HIN? _______________________

____

Dein Lieblingsaussichtspunkt:

AUSSICHTSPUNKT ____________________________________

☆☆☆☆☆ FÜR _______________________________________

SAG WARUM ____

____

____

WIE KOMMT MAN AM BESTEN HIN? _______________________

____

Ein kleiner Stadtrundgang:
(Mach eine einfache Skizze)

Übernachten

IN ZÜRICH

Deine Lieblingsübernachtungsmöglichkeit in Zürich:

HOTEL / B&B ____

☆☆☆☆☆ FÜR ____

WAS GEFÄLLT DIR HIER? ________________________________

____

ADRESSE ____

____

WWW ____

Oder:
( ) Bei (*dieser Person*) ________________________
( ) Bei dir zuhause.

Hier schläft man gut und günstig:

HOTEL / B&B ____

☆☆☆☆☆ FÜR ____

WAS GEFÄLLT DIR HIER? ____

____

ADRESSE ____

____

WWW ____

Hier wolltest du schon immer mal absteigen:

HOTEL / B&B ____

☆☆☆☆☆ FÜR ____

WAS GEFÄLLT DIR HIER? ____

____

ADRESSE ____

____

WWW ____

Visitenkarten von Hotels und anderen Übernachtungsmöglichkeiten:
(Bitte sorgfältig einkleben)

                    Zürich

Essen

IN ZÜRICH

Du magst
( ) gut & günstig.   ( ) kulinarische Höhenflüge.
( ) weisse Tischtücher.   ( ) runde Teller.
( ) Bedienung mit Deutschkenntnissen.   ( ) gutes Licht.
( ) regionale Zutaten.

**Dein Lieblingsrestaurant
in Zürich:**

RESTAURANT ____

☆☆☆☆☆ FÜR ____

WAS ISST MAN HIER? ______________________________________

____

ADRESSE ____

____

WWW ____

Bestes Frühstück / Bester Brunch:

RESTAURANT ____

☆☆☆☆☆ FÜR ____

WAS ISST MAN HIER? ____

____

ADRESSE ____

____

WWW ____

Auch gut für Frühstück / Brunch:

RESTAURANT ____

☆☆☆☆☆ FÜR ____

WAS ISST MAN HIER? ____

____

ADRESSE ____

____

WWW ____

🍴

Bestes Mittagessen:

RESTAURANT ____

☆☆☆☆☆ FÜR ____

WAS ISST MAN HIER? ____

____

ADRESSE ____

____

WWW ____

Essen mit Aussicht:

RESTAURANT ____

☆☆☆☆☆ FÜR ____

WAS ISST MAN HIER? ____

____

ADRESSE ____

____

WWW ____

Am besten zu zweit:

RESTAURANT ____

☆☆☆☆☆ FÜR ____

WAS ISST MAN HIER? ____

____

ADRESSE ____

____

WWW ____

Am besten mit Familie & Freunden:

RESTAURANT ____

☆☆☆☆☆ FÜR ____

WAS ISST MAN HIER? ____

____

ADRESSE ____

____

WWW ____

Visitenkarten von Restaurants:
(Bitte sorgfältig einkleben)

24

Zürich

Einkaufen

IN ZÜRICH

Du magst
( ) freundliche Beratung.   ( ) spezielle Mitbringsel.
( ) ein tolles Einkaufserlebnis.   ( ) lokale Spezialitäten.
( ) billiges Parken.   ( ) grosse Auswahl. ( ) kleine Preise.
( ) Ausgefallenes.

**Dein Lieblingsgeschäft
in Zürich:**

GESCHÄFT ______________________________

☆☆☆☆☆ FÜR ______________________________

WAS KAUFTST DU HIER? ______________________________

____

ADRESSE ______________________________

____

WWW ______________________________

Genau dein Style:

GESCHÄFT _______________________________

☆☆☆☆☆ FÜR _______________________________

WAS KAUFST DU HIER? _______________________________

____

ADRESSE _______________________________

____

WWW _______________________________

Das beste Souvenir-Geschäft:

GESCHÄFT _______________________________

☆☆☆☆☆ FÜR _______________________________

WAS KAUFST DU HIER? _______________________________

____

ADRESSE _______________________________

____

WWW _______________________________

Hier gibt's die besten Lebensmittel:

GESCHÄFT ____

☆☆☆☆☆ FÜR ______________________________________

WAS KAUFT MAN HIER? ______________________________

____

ADRESSE ____

____

WWW ____

Für Wein & Spirituosen:

GESCHÄFT ____

☆☆☆☆☆ FÜR ______________________________________

WAS KAUFT MAN HIER? ______________________________

____

ADRESSE ____

____

WWW ____

Der beste Flohmarkt:

FLOHMARKT ____

☆☆☆☆☆ FÜR ____

WAS FINDET MAN HIER? ____

____

ADRESSE ____

____

WOCHENTAG ____

Der beste 24-Stunden Laden:

LADEN ____

☆☆☆☆☆ FÜR ____

WAS KAUFT MAN HIER? ____

____

ADRESSE ____

____

WWW ____

Visitenkarten von Geschäften:
(Bitte sorgfältig einkleben)

                    Zürich

Cafés

IN ZÜRICH

Du magst
( ) gute Kaffee-Kultur.   ( ) leckere Kuchen.
( ) süsse Bedienung.   ( ) gratis WiFi.   ( ) gemütlich.
( ) Menschen beobachten. ( ) in Ruhe arbeiten.
( ) heimlich einheimisch.   ( ) Kaffeeketten.

**Dein Lieblingscafé
in Zürich:**

CAFÉ ____

☆☆☆☆☆ FÜR ________________________________

WAS IST GUT HIER? ____________________________

____

ADRESSE ______________________________________

____

WWW ____

Den besten Kaffee gibt's hier:

CAFÉ ____ Zürich 33

☆☆☆☆☆ FÜR ____

WAS IST GUT HIER? ____

____

ADRESSE ____

____

WWW ____

Für informelle Treffen:

CAFÉ ____

☆☆☆☆☆ FÜR ____

WAS IST GUT HIER? ____

____

ADRESSE ____

____

WWW ____

Um mit fremden Menschen in's Gespräch zu kommen:

CAFÉ ____

☆☆☆☆☆ FÜR ______________________________________

WAS IST GUT HIER? ______________________________________

____

ADRESSE ______________________________________

____

WWW ______________________________________

Die coolste Einrichtung:

CAFÉ ____

☆☆☆☆☆ FÜR ______________________________________

WAS IST GUT HIER? ______________________________________

____

ADRESSE ______________________________________

____

WWW ______________________________________

Visitenkarten von Cafés:
(Bitte sorgfältig einkleben)

Noch mehr Visitenkarten von Cafés:
(Bitte immernoch sorgfältig einkleben)

Y

Ausgehen

IN ZÜRICH

Du magst
( ) coole Leute.   ( ) aussergewöhnliches Ambiente.
( ) überraschende Cocktails.   ( ) klassische Drinks.
( ) Live-Musik.   ( ) schummriges Licht.
( ) Haken für Mäntel und Handtaschen an der Bar.

Deine Lieblingsbar in Zürich:

BAR ____

☆☆☆☆☆ FÜR _______________________________________

WAS TRINKT MAN HIER? ______________________________

____

ADRESSE ____

____

WWW ____

Die beste Cocktail-Bar:

BAR

☆☆☆☆☆ FÜR

WAS TRINKT MAN HIER?

ADRESSE

WWW

Um Leute kennenzulernen:

BAR

☆☆☆☆☆ FÜR

WAS TRINKT MAN HIER?

ADRESSE

WWW

Dein Lieblings-Ausgeh-Quartier:

QUARTIER ____

☆☆☆☆☆ FÜR ____

SAG WARUM ____

____

____

WIE KOMMT MAN AM BESTEN HIN? _________________________________

____

Dein Lieblingsclub:

CLUB ____

☆☆☆☆☆ FÜR ____

MUSIKRICHTUNG ____

____

ADRESSE ____

____

WWW ____

Verpflegung zu später Stunde:

IMBISS / RESTAURANT ____

☆☆☆☆☆ FÜR ____

WAS ISST MAN HIER? ____

____

ADRESSE ____

____

WWW ____

Letzte Runde:

BAR / CLUB ____

☆☆☆☆☆ FÜR ____

WAS TRINKT MAN HIER? ____

____

ADRESSE ____

____

WWW ____

Visitenkarten von Bars & Clubs:
(Bitte sorgfältig einkleben)

Zürich

Kultur

IN ZÜRICH

Du magst
( ) gute Unterhaltung.   ( ) Konzerte.   ( ) Grossanlässe.
( ) Hausparties.   ( ) Lesungen.   ( ) Ausstellungen.
( ) grosses Kino.   ( ) Theater.   ( ) Subversives.
( ) Kunst.   ( ) Festivals aller Art.

**Deine Lieblingsveranstaltung
in Zürich:**

VERANSTALTUNG ____

☆☆☆☆☆ FÜR ____

WANN FINDET SIE STATT? ______________________________________

____

ADRESSE ____

____

WWW ____

Dein Lieblingsmuseum:

MUSEUM ____ 45

☆☆☆☆☆ FÜR ____

WAS SIEHT MAN HIER? ____

____

ADRESSE ____

____

WWW ____

Dein Lieblingskino / Lieblingstheater:

KINO / THEATER ____

☆☆☆☆☆ FÜR ____

WAS SIEHT MAN HIER? ____

____

ADRESSE ____

____

WWW ____

Lieblingsveranstaltung im Frühling:

VERANSTALTUNG ____

☆☆☆☆☆ FÜR ____

WANN FINDET SIE STATT? ____

____

ADRESSE ____

____

WWW ____

Lieblingsveranstaltung im Sommer:

VERANSTALTUNG ____

☆☆☆☆☆ FÜR ____

WANN FINDET SIE STATT? ____

____

ADRESSE ____

____

WWW ____

 Zürich

Lieblingsveranstaltung im Herbst:

VERANSTALTUNG ____

☆☆☆☆☆ FÜR ____

WANN FINDET SIE STATT? ____

____

ADRESSE ____

____

WWW ____

Lieblingsveranstaltung im Winter:

VERANSTALTUNG ____

☆☆☆☆☆ FÜR ____

WANN FINDET SIE STATT? ____

____

ADRESSE ____

____

WWW ____

Menschen

IN ZÜRICH

Du magst es
( ) verbindlich.   ( ) easy.   ( ) gesellig.   ( ) gemütlich.
( ) im kleinen Rahmen.   ( ) in grossen Gruppen.

Dein Lieblingsmensch
in Zürich:

VORNAME ____

NACHNAME _____________________________________

HIER HABT IHR EUCH KENNENGELERNT __________________

____

ADRESSE ______________________________________

____

TELEFONNUMMER ________________________________

EMAIL ____

Das ist ein echter Zürcher / eine echte Zürcherin:

NAME

HIER HABT IHR EUCH KENNENGELERNT

ADRESSE

TELEFONNUMMER

EMAIL

Die letzte Person, die du in Zürich kennengelernt hast:

NAME

HIER HABT IHR EUCH KENNENGELERNT

ADRESSE

TELEFONNUMMER

EMAIL

Visitenkarten von Menschen:
(Bitte sorgfältig einkleben)

Notizen

52

 Zürich

Die *What I Like* City-Tagebücher sind jetzt erhätlich auf
www.whatilike.com
sowie in ausgesuchten Geschäften in der Schweiz.